El medio ambiente adecuado

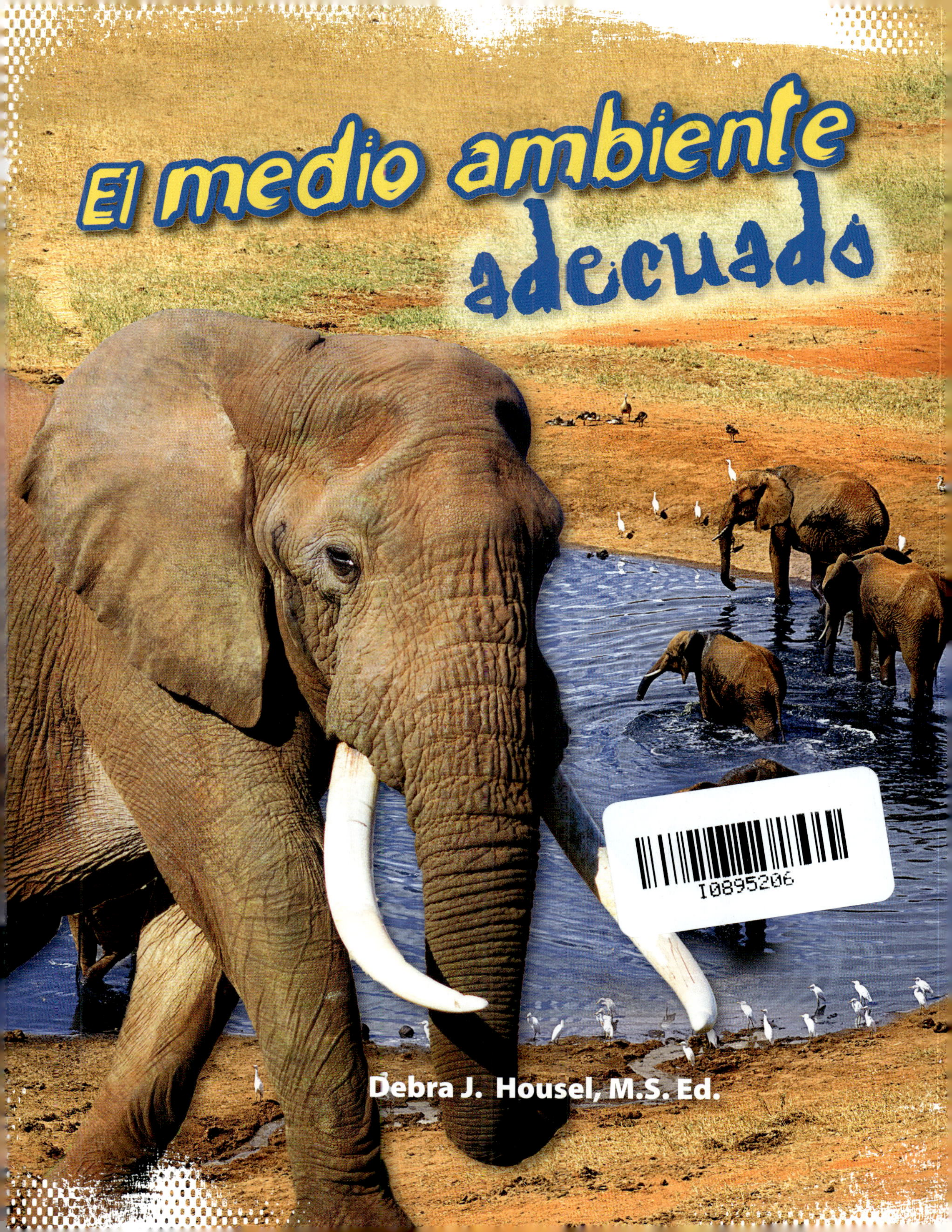

Debra J. Housel, M.S. Ed.

I0895206

Asesora

Leanne Iacuone, M.A.T., NBCT, ATC
Riverside School District

Créditos de imágenes: Portada y pág.1 iStock; págs.15, 17, 19, 25 (ilustraciones) Tim Bradley; págs.4–8 (fondo), 12 (inferior), 14, 19 (fondo), 20 (izquierda), 21 (derecha y fondo), 22–23, 25, 27 (fondo) iStock; págs.28–29 (ilustración) Janelle Bell-Martin; p.23 (derecha inferior) Danté Fenolio/Science Source; págs.2–3 Dr. P. Marazzi/Science Source; pág.12 (superior) Frans Lanting/MINT Images/Science Source; pág.9 Hans Reinhard/Science Source; pág.6 John Serrao/Science Source; pág.16 (derecha) Robert Francis/UIG/Science Source; todas las demás imágenes cortesía de Shutterstock.

Teacher Created Materials
5301 Oceanus Drive
Huntington Beach, CA 92649-1030
http://www.tcmpub.com

ISBN 978-1-4258-4679-4
© 2017 Teacher Created Materials, Inc.
Printed by: 590835
Printed in: Taiwan

Contenido

Hogar, dulce hogar 4

Ecosistemas 6

Soportar las estaciones 12

Biomas terrestres 14

Biomas acuáticos 21

Hay lugar para todos 26

Piensa como un científico 28

Glosario 30

Índice 31

¡Tu turno! 32

Hogar, dulce hogar

Es un cálido día de verano. Entras a tu casa porque sientes calor y estás sudando. El aire acondicionado está encendido. ¡Se siente bien! Mantiene la casa a la temperatura adecuada. Los aires acondicionados y las calderas hacen que sea posible para los seres humanos vivir en casi cualquier lugar. De hecho, muchos de nosotros pasamos mucho tiempo dentro de casa.

Pero los animales y las plantas silvestres viven afuera. Estos **organismos** deben vivir en el hábitat, u hogar, adecuado para sobrevivir. Cada hábitat debe tener el tipo adecuado de clima, alimento y tierra para quienes viven allí. Algunas plantas y animales viven mejor en lugares húmedos. Otros, en lugares secos. Algunos organismos prefieren vivir en lugares con muchos insectos. A otros les va mejor en lugares con pocos insectos. Hay muchos tipos diferentes de hábitats. El **medio ambiente** adecuado permite a plantas y animales hacer más que sobrevivir. Les permite crecer bien.

Cuando las avestruces inspiran, la humedad en los picos se evapora y así pueden refrescarse.

Rana arborícola

Las ranas arborícolas crecen bien en un medio ambiente húmedo, y el bosque húmedo no se llama *húmedo* nada más porque sí. Es el hogar perfecto para estas saltarinas.

Ecosistemas

Las plantas y los animales en hábitats que están en una misma zona componen un **ecosistema**. El agua, el suelo, la luz solar y otras cosas no vivas están incluidos también en un ecosistema. Cada ecosistema está compuesto por diferentes elementos. Pero todos están llenos de formas de vida que dependen unas de otras para sobrevivir.

Piensa en una pradera. El trébol crece en la pradera. Un conejo come trébol. Un búho se come el conejo. Más tarde, el búho muere. Su cuerpo cae al suelo. Insectos, lombrices y otros **descomponedores** lo descomponen. Pronto, el cuerpo desaparece. Algunos de los **nutrientes** del búho regresan a la tierra para que los usen otros nuevos tréboles. Las lombrices absorben también algunos de los nutrientes. Más tarde, los topos se comerán las lombrices.

Cada planta o animal tiene un nicho, o función, dentro de un ecosistema. Algunos seres vivos pueden competir entre sí por las cosas que necesitan. Otros pueden ayudarse mutuamente para sobrevivir.

Lugar de anidación

Los juncos y las espadañas son plantas que viven en ecosistemas de humedales. Brindan un hábitat para los patos y gansos dentro del ecosistema.

Comenzar de cero

Los desastres naturales, como las inundaciones, los incendios y las erupciones volcánicas, pueden cambiar los ecosistemas de formas drásticas.

Búsqueda de alimento

El alimento es una parte importante de cualquier hábitat o ecosistema. Debe haber suficiente cantidad del alimento adecuado para cada animal que vive allí. Si no hay suficiente alimento, los animales competirán entre ellos para alimentarse. Para sobrevivir, es posible que deban comer nuevos alimentos. Pueden desarrollar nuevas habilidades. O pueden encontrar un nuevo hogar. De lo contrario, se arriesgan a morir.

Algunos animales comen solamente plantas. Se llaman **herbívoros**. Estos animales viven mejor en lugares donde abundan sus plantas favoritas.

Algunos animales comen otros animales. Se llaman **carnívoros**. Su hábitat debe tener suficiente cantidad del animal adecuado. El guepardo vive en los pastizales de África. Caza ñus y gacelas. Los leones también son carnívoros. Compiten con los guepardos por el alimento. Significa que debe haber muchas gacelas y ñus, y solo unos pocos guepardos y leones. Si hay demasiados carnívoros, algunos pasarán hambre. Esto se debe a que no habrá la cantidad suficiente de alimento para todos los seres vivos del área.

¡El guepardo es un carnívoro que puede divisar a su presa desde hasta tres millas de distancia!

Algunos animales comen plantas y animales. Se llaman **omnívoros**. Su hábitat debe tener suficiente cantidad de las plantas y los animales adecuados. El zorrillo es omnívoro. Come raíces, bayas, insectos, gusanos y ranas. Los animales que comen una mayor variedad de plantas y animales no tienen tanto problema para encontrar alimento. Y es más fácil para ellos sobrevivir.

Comensales quisquillosos

El panda gigante come, sobre todo, el bambú. Pero no es fácil que el bambú crezca. Nadie sabe qué hace que el bambú florezca. ¡Y puede tardar 120 años en hacerlo! Y para colmo, todas las plantas de bambú de un bosque florecen al mismo tiempo. Después, no hay alimento para los pandas gigantes hasta que nuevos brotes de bambú salgan del suelo. Este es un motivo por el cual los pandas están en peligro.

Cadenas alimentarias

Una cadena alimentaria muestra cómo la energía se mueve a través de un ecosistema. Todas las cadenas alimentarias comienzan con el sol. La luz solar brinda a las plantas la energía necesaria para producir su alimento. Por ejemplo, el pasto es una planta que recibe energía del sol. Luego, el conejo se come el pasto. Esto brinda al conejo la energía para crecer y producir más conejos. Los zorros se alimentan de los conejos. Esto brinda a los zorros la energía para crecer y producir más zorros. La cadena continúa con **depredadores** más grandes, como las águilas. Obtienen la energía al alimentarse de zorros.

Todo cambio en una cadena alimentaria puede ocasionar serios problemas. Si hay demasiados depredadores, como águilas y zorros, puede ser difícil para estos sobrevivir. Compiten por una cantidad limitada de conejos. Si la cantidad de conejos baja demasiado, no habrá suficiente alimento para sustentar los depredadores. Si las plantas dejan de crecer, ¡se podría dañar toda la cadena alimentaria! Cuantas menos plantas y animales haya en una cadena alimentaria, más frágil será.

Especies clave

Una especie clave es una planta o un animal que tiene un gran efecto sobre su ecosistema. El jaguar es una especie clave en los bosques tropicales de América del Sur. Come más de 80 tipos diferentes de animales. Esto mantiene en control la cantidad que hay de los otros animales.

Redes alimentarias

La mayoría de los ecosistemas tienen muchas cadenas alimentarias. Los herbívoros comen muchas plantas diferentes. Los carnívoros comen muchos animales diferentes. Los omnívoros comen ambos. Múltiples cadenas alimentarias se superponen para crear una compleja red alimentaria.

Soportar las estaciones

Algunos ecosistemas tienen un **clima** cálido. Pueden ser calurosos y húmedos la mayoría de los días del año. Otros ecosistemas tienen un clima frío. Generalmente pueden ser lluviosos. Pero el clima puede cambiar también. Muchos lugares alrededor del mundo tienen cuatro estaciones. En estos lugares, los árboles pueden perder las hojas cuando hace frío. Las flores podrían no florecer hasta la primavera. Cuando los días se acortan, algunas aves e insectos vuelan al sur. Así pueden pasar el invierno en lugares más cálidos.

Algunos animales no se van cuando cambian las estaciones. Los búhos, las ardillas y los lobos encuentran alimento y lugares donde estar abrigados a lo largo del invierno. Otros animales hibernan, o duermen, durante todo el invierno. Los animales que hibernan comienzan comiendo mucho. Un oso negro puede aumentar 30 libras por semana antes de trepar a su guarida para hibernar. Luego, su corazón y sus pulmones comienzan a funcionar más despacio. El cuerpo del oso usa la grasa almacenada para permanecer vivo durante los meses de invierno.

Mapa de resistencia de las plantas

Un mapa de resistencia de las plantas de Estados Unidos ayuda a los granjeros y jardineros a saber qué plantas crecerán mejor en qué zonas. Las zonas se basan en la temperatura.

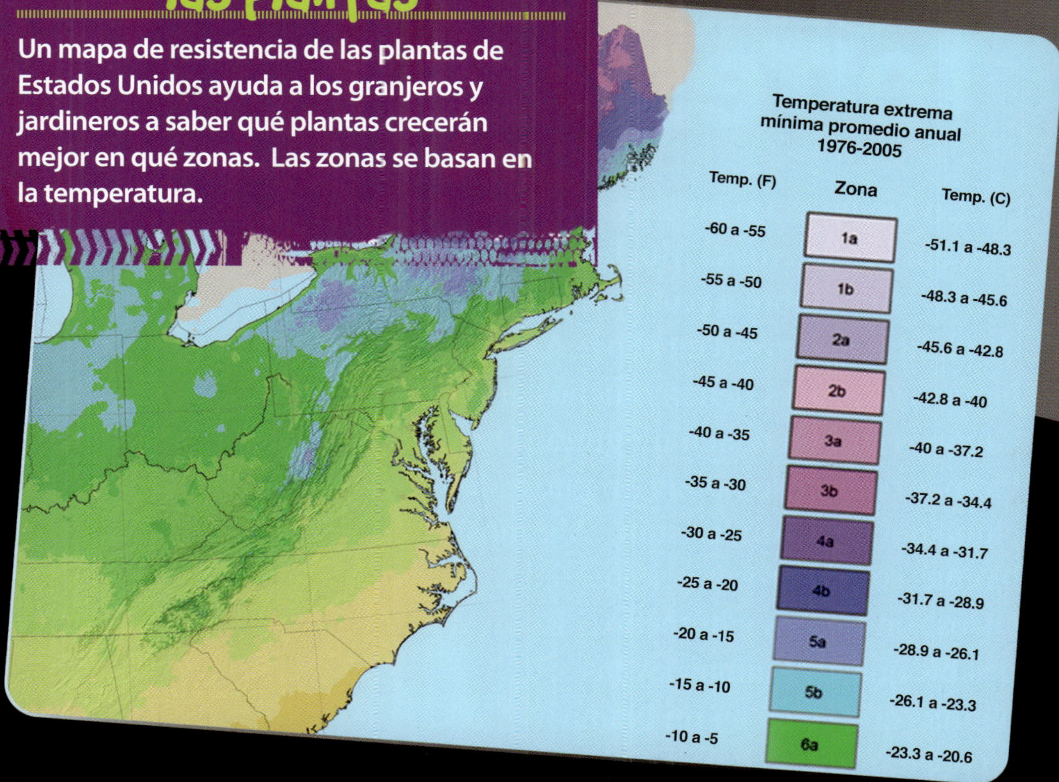

En el desierto, algunos animales duermen durante la parte más calurosa del año. A esto se le llama **estivación**. Las tortugas del desierto norteamericano pasan la mayor parte del año dormidas en grietas o profundas madrigueras. Solamente salen para comer o para encontrar pareja.

Sin importar cuál sea la estación, la temperatura es una parte importante de cualquier ecosistema. Si la temperatura cambia, el medio ambiente perfecto podría ya no serlo tanto. Algunos organismos pueden encontrar nuevas formas de sobrevivir. Pueden mudar el pelaje. Pueden encontrar formas de construir un nido más cálido. Otros quizás necesiten encontrar un nuevo hogar. Algunos pueden morir.

Biomas terrestres

Un bioma es un área extensa que contiene muchos ecosistemas. Muchos biomas reciben su nombre a partir de los tipos de plantas que viven en ellos. Algunos biomas terrestres tienen muchos árboles. Algunos casi no tienen ninguno. Otros biomas reciben su nombre a partir del clima del área donde están. Algunos biomas son calurosos y secos. Otros son frescos y húmedos. Es posible que los animales y las plantas que viven en un bioma no puedan sobrevivir en otro lugar.

La mantis religiosa vive en biomas terrestres que tienen muchas plantas verdes entre las cuales esconderse.

Niveles de organización

Los científicos estudian los organismos y sus ambientes en muchos niveles.

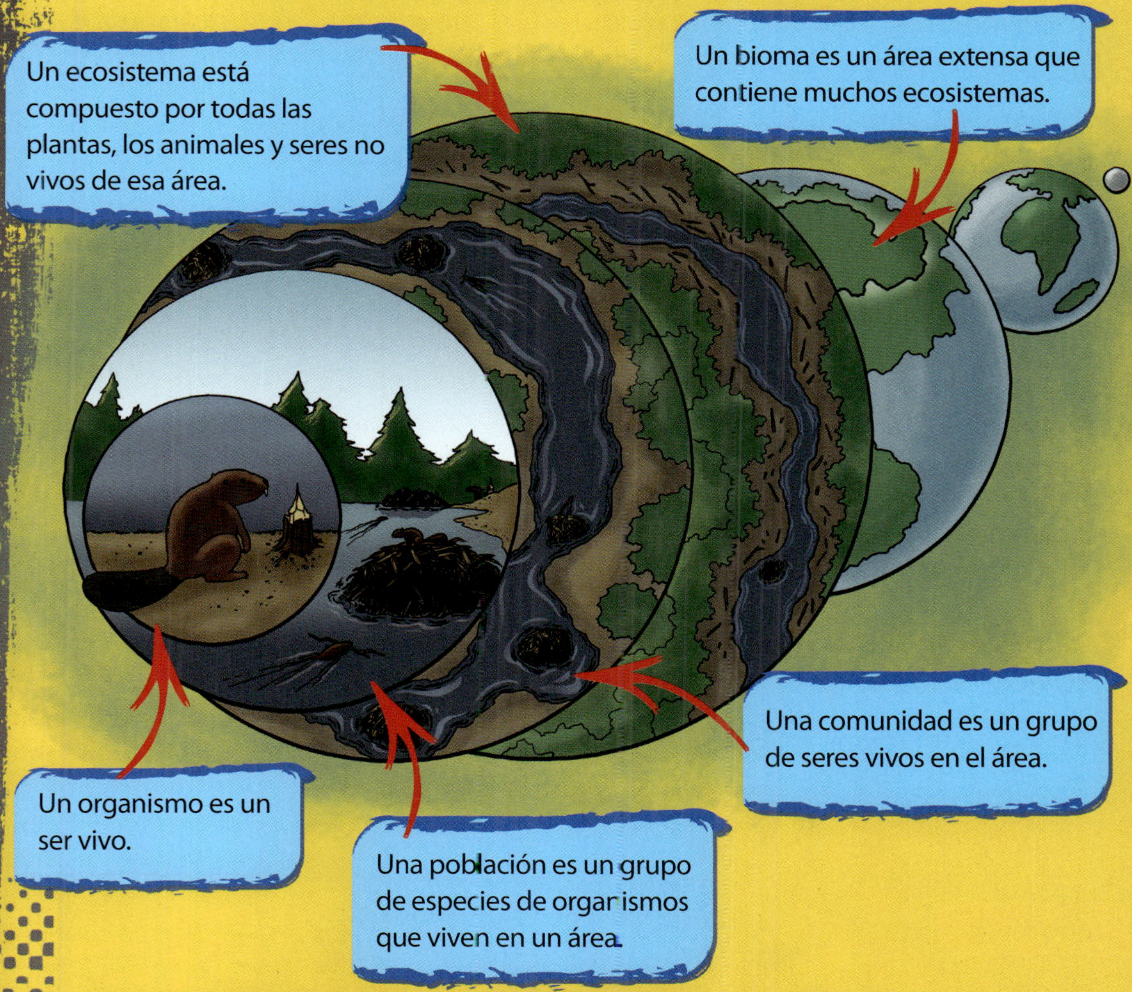

La taiga, o bosque de coníferas, es el bioma terrestre más grande del mundo. Cubre el mayor porcentaje de las masas continentales de la Tierra.

Biomа del desierto

El bioma del desierto es un medio ambiente extremo. Es muy seco. Pueden pasar años sin que llueva. Generalmente hace mucho calor. Puede llegar a 50 °C (120 °F) durante el día y luego bajar a 0 °C (32 °F) por la noche. Los animales y las plantas que viven allí han encontrado formas de sobrevivir en estas duras condiciones.

Las plantas piedra viven en el desierto. Pero es difícil verlas cuando no están florecidas. Cuando llueve, sus pequeñas y amplias hojas se hinchan de agua. El resto del tiempo, se confunden con las rocas. De esta forma, los animales sedientos no se las comen.

El fénec es un pequeño zorro que vive en el desierto africano. Cava una madriguera profunda y pasa los días bajo la tierra. Luego, sale por las noches a cazar **mamíferos** y pájaros pequeños. El zorro fénec tiene orejas inmensas. Le permiten que el calor escape del cuerpo. Las orejas también ayudan a que el zorro oiga y rastree su presa en el oscuro desierto.

zorro fénec

¡En partes del desierto de Atacama en Chile no llueve por más de un siglo!

Desglose de biomas

¿Cuántos biomas hay? Depende de a quién le preguntes. Algunas personas dicen que hay cinco biomas principales: acuático, de desierto, de bosque, de pastizal y de tundra. Pero otros los dividen en más categorías.

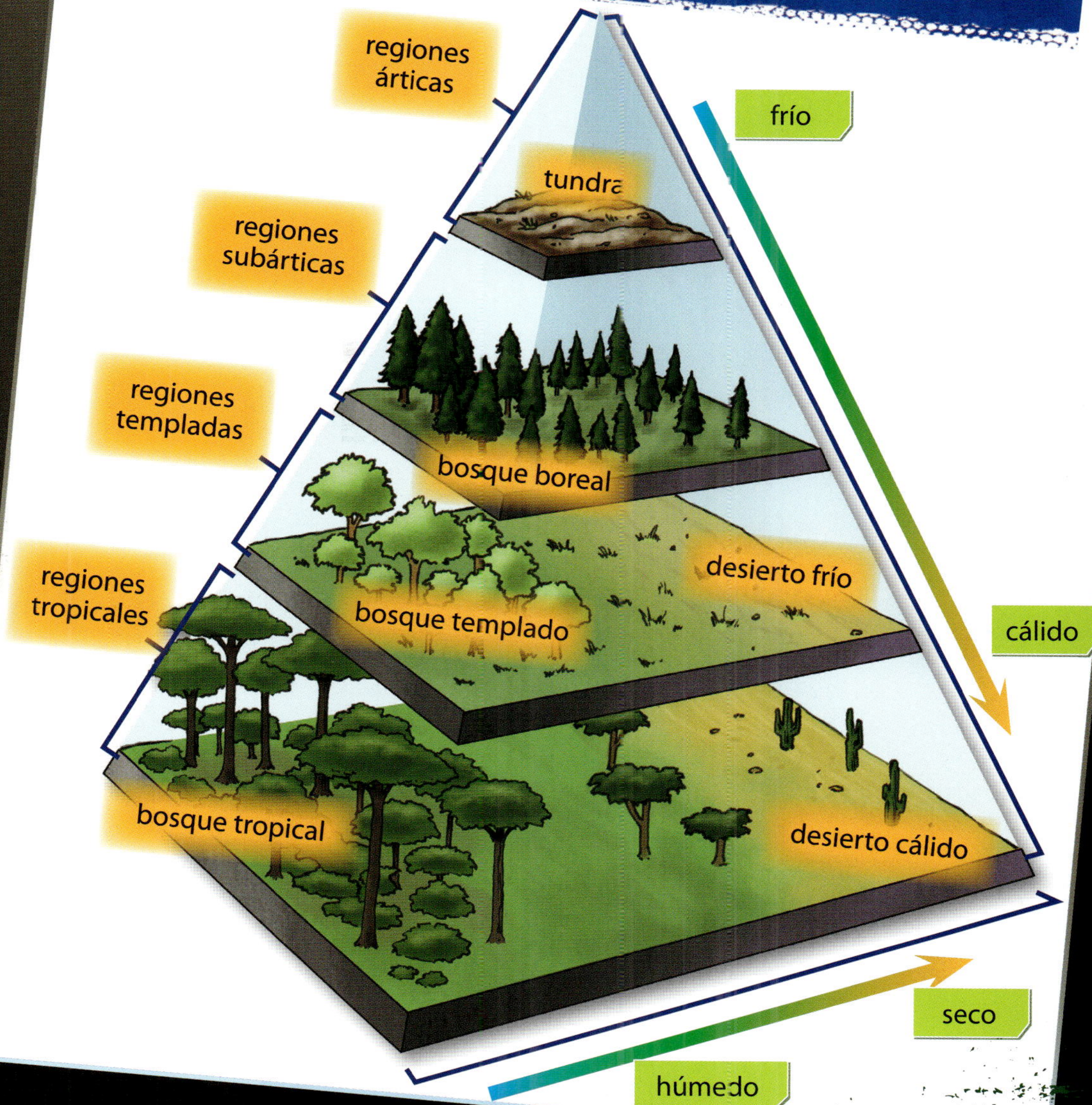

Bioma de la tundra

Otro tipo de zorro vive en la tundra. Vive en una madriguera por un motivo diferente. Tiene que sobrevivir al frío extremo del invierno ártico. La tundra es fría y ventosa. ¡Las temperaturas pueden bajar hasta los -70 °C (-44 °F)! Las orejas del zorro ártico son pequeñas y tiene el hocico corto. Esto evita que pierda calor.

El pelaje del zorro ártico cambia de color con las estaciones. El pelaje es blanco durante el invierno y marrón en el verano. Lo ayuda a camuflarse con su medio ambiente. El zorro atrapa campañoles, pequeños roedores que corren dentro de túneles debajo de la nieve. El zorro también sigue a los osos polares a una cierta distancia. Cuando el oso mata un animal, no siempre se come todo. Entonces, el zorro come lo que queda.

La temporada de crecimiento de la tundra es corta. El invierno es largo y la tierra está siempre congelada. Ahí pueden crecer árboles. Pero el suelo está cubierto de pasto, musgo y amapolas árticas. Estas plantas tienen raíces cortas y pueden tolerar el frío.

zorro ártico

La tundra ártica es el bioma terrestre más joven del mundo. Se formó hace apenas 10,000 años.

La dura verdad

Un elefante no podría sobrevivir en el ártico. Pero hace alrededor de 20,000 años, un pariente del elefante sí podía. El peludo mamut es un pariente antiguo del elefante actual. Vivió hace más de 20,000 años durante una época muy fría de la historia de nuestro planeta.

Las orejas enormes del elefante lo ayudan a mantenerse fresco en el calor.

Las orejas del mamut eran mucho más pequeñas.

Los elefantes usan la trompa para beber y bañarse, algo bastante difícil si toda el agua está congelada.

Una gruesa capa de pelaje y una capa adicional de grasa en el lomo del mamut lo ayudaban a mantener el calor.

Seguimiento de biomas

Cuando cambia el clima, es posible que los biomas se trasladen. Hace miles de años, partes de África eran verdes y húmedas. En la actualidad, existe un inmenso desierto en África. Los científicos predicen que para el año 2100, cambiará el 40 por ciento de los biomas.

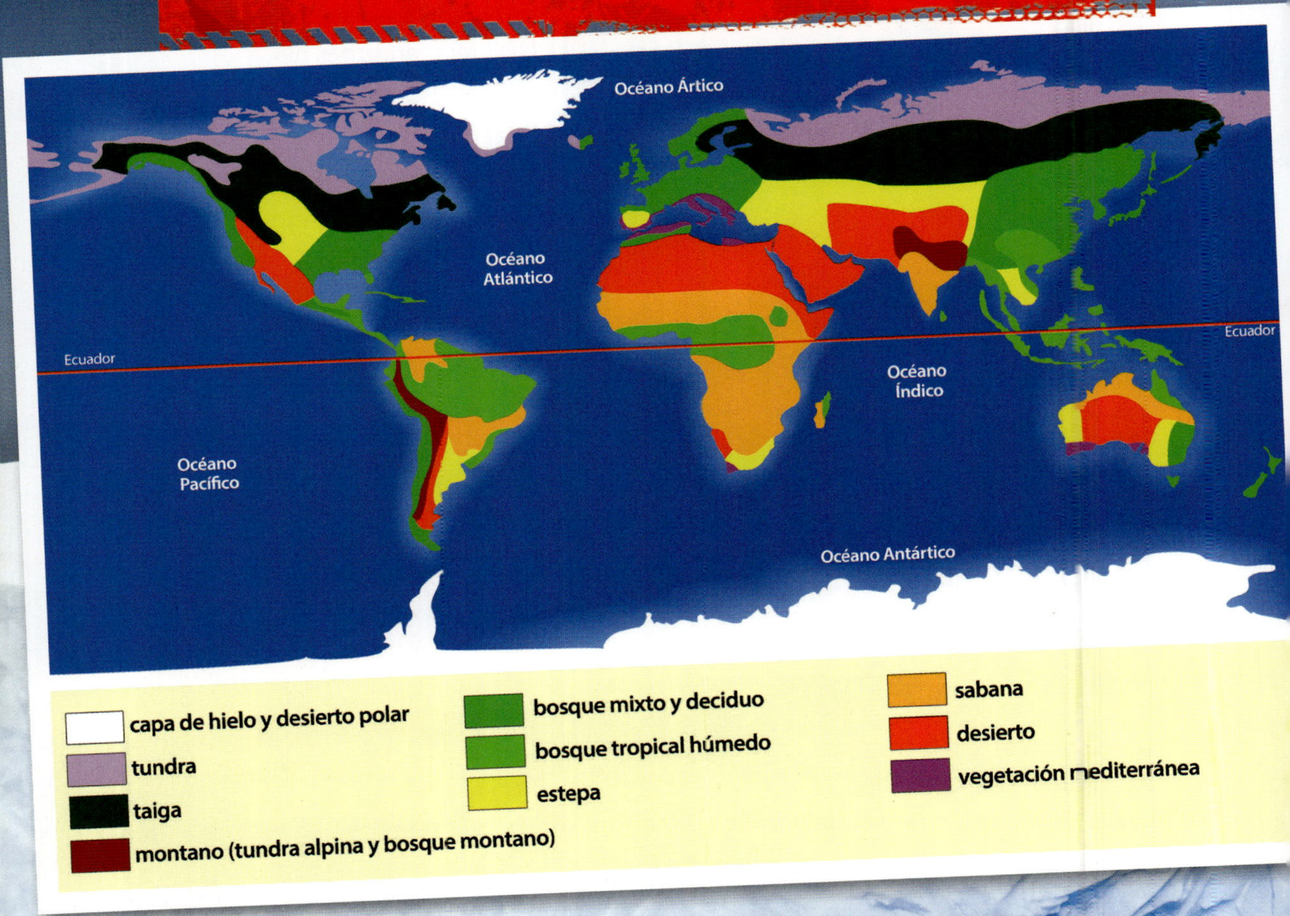

Biomas acuáticos

La Tierra está cubierta de agua. Hay océanos, ríos, estanques, pantanos y lagos. También podemos encontrar agua en helados glaciares y debajo de la tierra. Los biomas acuáticos son el hogar de las más asombrosas plantas y animales de la Tierra. Todos, desde los camarones a los tiburones, pueden llamar al agua su hogar.

Lugar para crecer

El océano es el hogar de algunos de los animales más grandes del mundo, incluidas las ballenas. Con más del 70 por ciento de la Tierra cubierta de agua, hasta las plantas encuentran la forma de estirarse y crecer. Las algas pardas son de los organismos que crecen más rápido en todo el mundo. ¡Pueden crecer hasta dos pies en un día!

Biomas de agua salada

Los biomas de agua salada son los biomas más grandes de la Tierra. El noventa y siete por ciento del agua del mundo está en los océanos. Los océanos son de agua salada. Los organismos que viven en agua salada no pueden vivir en agua dulce. Algunos organismos viven en las partes poco profundas del océano. En las partes profundas del océano viven diferentes animales. Gran parte del océano es demasiado profundo para que llegue la luz solar.

Arrecifes de coral

Los arrecifes de coral se forman en el agua oceánica cálida, transparente y poco profunda. Los corales son animales diminutos. Absorben los nutrientes del agua y forman un caparazón duro como la piedra. Los arrecifes de coral son ecosistemas importantes. Son el hogar de peces, tiburones, delfines y más.

Los océanos no tienen estaciones. Pero hay cambios en la temperatura del agua del océano y en la cantidad de luz solar que recibe. Algunos animales oceánicos **migran**. Pueden migrar a aguas más cálidas para dar a luz y criar. Después, migran de regreso a aguas más frías para alimentarse. Las ballenas grises de California lo hacen. Dan a luz durante el invierno en la costa de México y pasan el verano en la costa de Alaska. Otros animales oceánicos permanecen en un área toda la vida. Su hábitat satisface sus necesidades durante todo el año.

Una luz en la oscuridad

Algunos animales han encontrado formas asombrosas de sobrevivir. El pez ojos de linterna tiene luces debajo de los ojos que lo ayudan a encontrar alimento. Cuando quiere esconderse, unas solapas de piel se cierran para tapar las luces.

Biomas de agua dulce

Los biomas de agua dulce pueden encontrarse en aguas en movimiento, como arroyos y ríos. O pueden encontrarse en aguas quietas, como lagos, estanques y pantanos. En las aguas en movimiento vive menos vida silvestre que en las aguas quietas. Cuanto más profunda y rápida sea el agua, menos organismos vivirán allí. Estos biomas se encuentran en todos los continentes, excepto la Antártida. Toda el agua allí está en forma de hielo.

Estuarios

Los biomas de estuarios son lugares donde se mezclan el agua salada y el agua dulce. Sucede donde el agua dulce fluye en un río que desemboca en un océano o mar. Cada día, cuando la marea sube, el agua salada fluye hacia los estuarios. Muchos peces del océano ponen huevos ahí.

Las plantas que viven en los estuarios encontraron formas de absorber y almacenar de forma segura la sal.

¿Tienes sed?

Menos del tres por ciento de toda el agua de la Tierra es agua dulce. Significa que los organismos de agua dulce deben competir por el alimento y el espacio. Las plantas y los animales de agua salada tienen más opciones.

Una mirada más en detalle

Si miras un estanque, quizás pienses que no sucede nada. Los estanques tienen aguas muy quietas. No tienen mareas ni corrientes. Pero si observas todo el día, verás que los estanques son lugares muy activos.

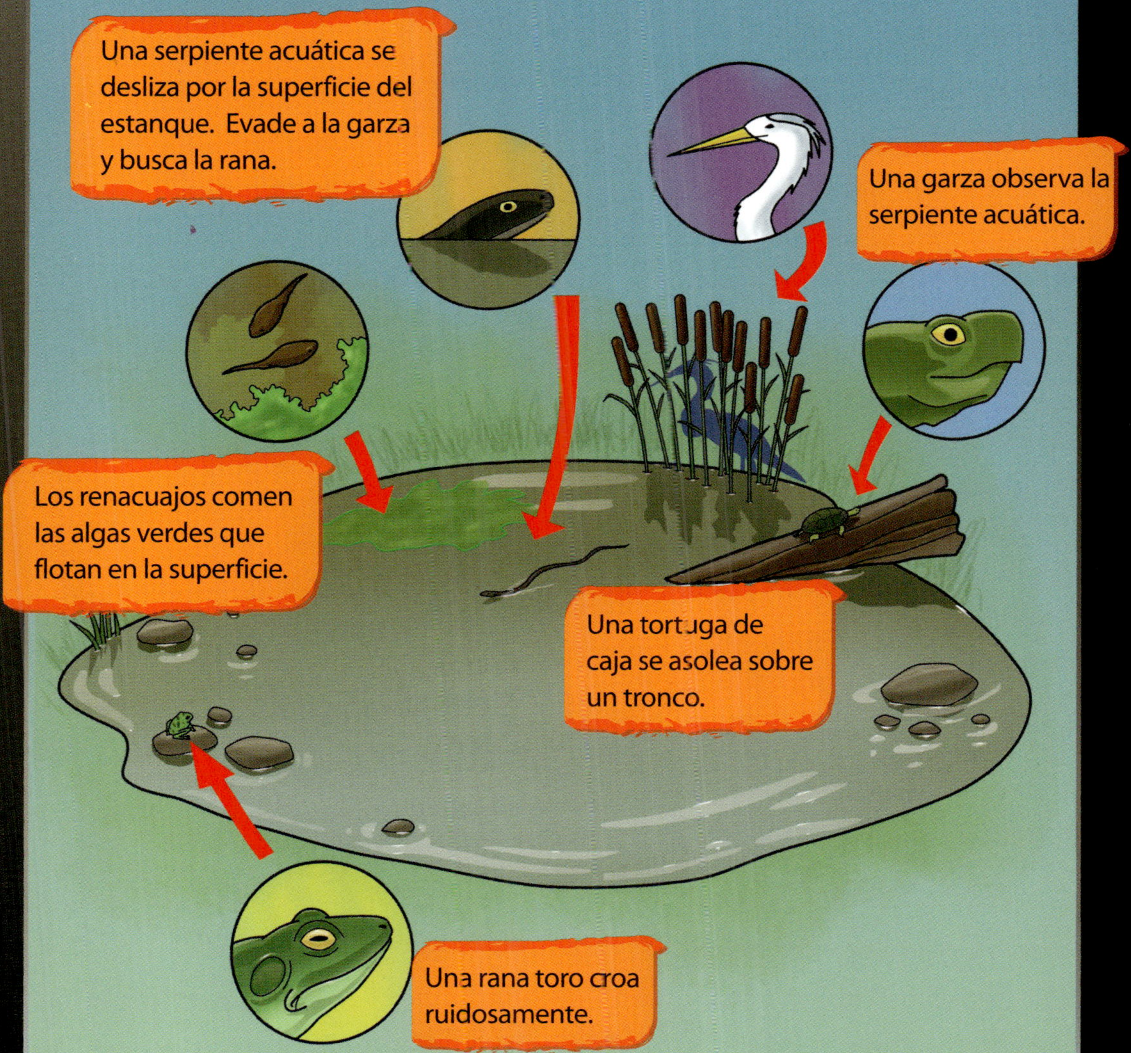

Hay lugar para todos

Las criaturas de la Tierra han encontrado formas de sobrevivir en lugares asombrosos. Las bacterias crecen en volcanes donde las temperaturas llegan a los 56 °C (133 °F). Los tigres cazan en las montañas de Rusia, donde hay poco oxígeno y hace mucho frío. Los camellos beben hasta 76 litros (20 galones) de agua de una sola vez. Les permite deambular durante semanas en el desierto sin beber agua. Cada una de estas criaturas encontró el medio ambiente adecuado para ella. Si el medio ambiente cambia, tendrán que cambiar también. Si no lo hacen, su vida estará en peligro.

Al igual que otras criaturas, los seres humanos crecen bien en medio ambientes con abundante vida. Hemos encontrado formas de vivir en lugares extremos. ¡Hemos hecho gran parte del planeta, nuestro hogar! Pero no todas las formas de vida son tan flexibles. Podemos ayudar a esas formas de vida protegiendo nuestro planeta. Podemos mejorar la calidad del aire, la tierra y el agua. Podemos dejar espacio para las plantas y los animales. Dar estos pasos creará un mundo en el que millones de diferentes criaturas puedan desarrollarse y crecer.

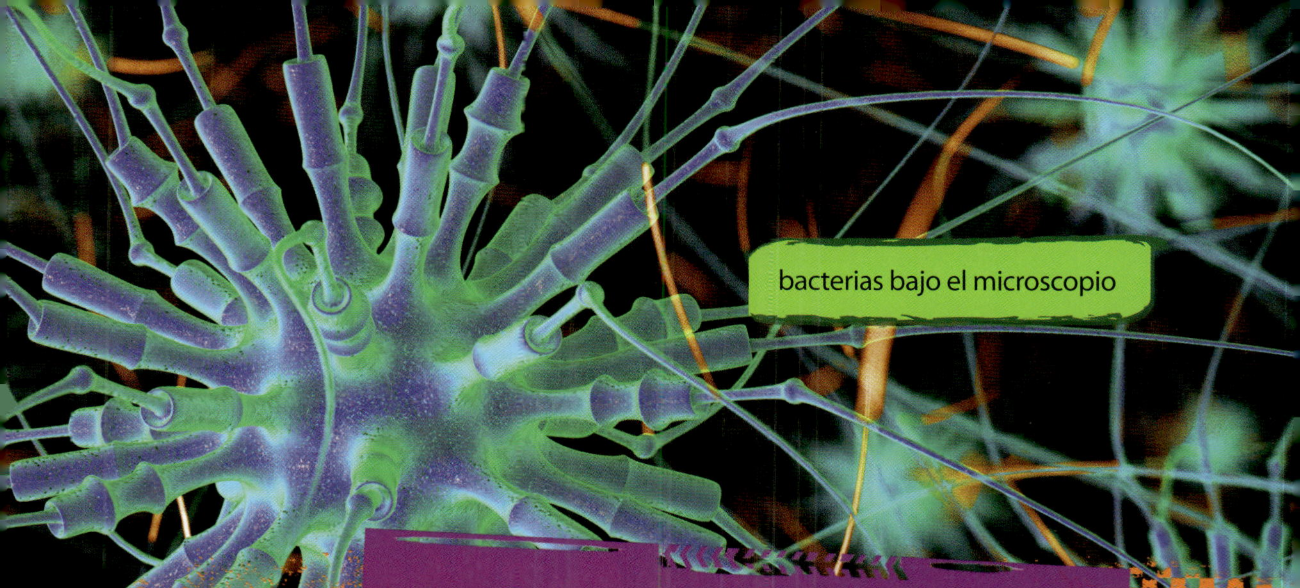

bacterias bajo el microscopio

Equilibrar la ecuación

Las plantas y los animales no pueden hacer cálculos como nosotros. Pero a su propio modo, cada uno hace cálculos muy importantes. Encontrar el medio ambiente adecuado significa equilibrar muchas cosas. Cuando se reúnen todos estos elementos, crean el medio ambiente perfecto.

EL MEDIO AMBIENTE ADECUADO

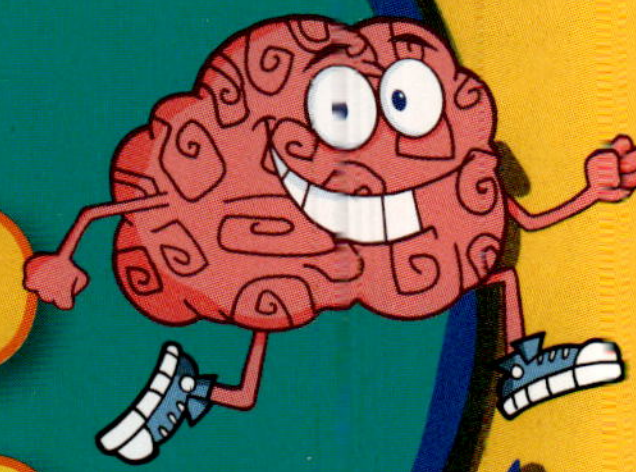

Piensa como un científico

¿Las habas de Lima prefieren un hábitat soleado o con sombra? ¡Experimenta y averígualo!

Qué conseguir

- 1 botella transparente de dos litros
- 1 botella verde de dos litros
- 2 bolsas para sándwich de un galón
- 6 habas de Lima
- agua
- guijarros
- tierra para plantar

Qué hacer

1. Pide a un adulto que te ayude a cortar la parte superior de cada botella. Recicla la parte superior de las botellas.

2. Vierte guijarros en el fondo de cada botella. Vierte tres pulgadas de tierra para plantar encima de los guijarros. Planta tres semillas en la tierra de cada botella. Cubre las semillas con tierra.

3. Vierte suavemente $\frac{2}{3}$ de taza de agua en cada botella.

4. Tapa cada botella con una bolsa para sándwich. Coloca una botella en una ventana soleada y la otra botella en la sombra.

5. Durante dos semanas, registra diariamente lo que sucede dentro de cada hábitat. Compara los resultados.

Glosario

carnívoros: animales que comen carne

clima: el tipo de tiempo atmosférico que tienen usualmente los lugares

depredadores: animales que viven de matar a otros animales y comérselos

descomponedores: seres vivos que se alimentan y descomponen plantas o animales muertos

ecosistema: todo lo que existe en un determinado ambiente

estivación: pasar el verano en estado inactivo o de descanso

herbívoros: animales que comen solamente plantas

mamíferos: tipos de animales que alimentan con leche a sus crías y que generalmente están cubiertos de pelo o pelaje

medio ambiente: el mundo natural

migran: se desplazan de un área a otra en diferentes épocas del año

nutrientes: sustancias que necesitan los seres vivos para crecer

omnívoros: animales que comen tanto plantas como animales

organismos: seres vivos

Índice

agua dulce, 22, 24

agua salada, 22, 24

cadena alimentaria, 10–11

carnívoros, 8, 11

desierto, 13, 16–17, 20, 26

ecosistema, 6–8, 10–15, 22, 32

especie clave, 10, 32

estivación, 13

estuarios, 24

hábitat, 4, 6, 8–9, 23, 28–29

herbívoros, 8, 11

hibernan, 12

migran, 23

omnívoros, 9, 11

red alimentaria, 11

Surtsey, 7

taiga, 15

tundra, 17–18

El mundo más allá de tu puerta

Haz una lista de los animales silvestres y las plantas que viven en tu área. Piensa en cómo las plantas y los animales se han adaptado al medio ambiente. Analiza con un familiar si existe una especie clave. Imagina lo que podría sucederle al ecosistema si esa especie clave desapareciera.